我們的生肖

畫給孩子的十二生肖故事

洋洋兔 編繪

我們的生肖

作　　者	洋洋兔
責任編輯	徐昕宇
裝幀設計	張　毅　黎奇文
出　　版	商務印書館（香港）有限公司
	香港筲箕灣耀興道 3 號東滙廣場 8 樓
	http://www.commercialpress.com.hk
發　　行	香港聯合書刊物流有限公司
	香港新界大埔汀麗路 36 號中華商務印刷大廈 3 字樓
印　　刷	美雅印刷製本有限公司
	九龍觀塘榮業街 6 號海濱工業大廈 4 樓 A 室
版　　次	2020 年 8 月第 1 版第 2 次印刷

© 2019 商務印書館（香港）有限公司
ISBN 978 962 07 5810 2
Printed in Hong Kong

目 錄

生動的紀年與美好的祝願

　　生肖根據一個人出生的農曆年份而定，是從古代沿用至今，確認某人的出生時間和歲數的紀年標誌。而在老百姓的日常生活中，生肖往往也是長輩對外介紹自己和家人時的愛稱，人們更是以鼠、牛、虎、兔、龍、蛇、馬、羊、猴、雞、狗、豬十二種動物的形象氣質中美好的一面，來承載對親友的祝願。

　　十二生肖的出現，是祖先們對古老天干地支紀年法的一種日常生活化的創新。早在先秦時期，古人便以甲、乙、丙、丁、戊、己、庚、辛、壬、癸為十天干，以子、丑、寅、卯、辰、巳、午、未、申、酉、戌、亥為十二地支。天干地支如同輪齒般成對結合，每一對代表一年，按照各自的順序依次輪流、循環往復。然而，十二地支的名稱拗口、字形生僻，很不容易記認。為了方便，老百姓們就以生活和勞動生產中常見的十一種禽畜與野獸，加上中華民族最具代表性的神獸——龍，作為記號，在日常交流中代替十二地支以用作紀年。每年輪到的地支所對應的動物，則被稱為當年的屬相。經過千百年來與星象、道法、神話傳說及各種知識的不斷融合，生肖屬相的種類與位序一直在變化，直至東漢年間在王充的《論衡》中，才基本確定了如今我們所使用的十二生肖及位序。但對十二隻動物的選取和排列，至今學界仍有不同看法。

　　按照字詞釋義：生，表示出生；肖，寓意神似。生肖二字合計則說明人在神態、性情、品格方面與出生年的屬相動物具有某種相似性。這是一種美好的比喻，表達了人們對新生寶寶的祝福，也詮釋着中華文化"人生而不同，各有擅長、各有奇妙"的豁達見解與善意寬容。現將十二生肖的美好寓意簡要梳理如下：屬鼠靈巧愛鑽研，學富才高能人出；屬牛勤勉又忠厚，良師益友美名留；屬虎威猛剛氣足，人生不畏艱險途；屬兔動靜兩不誤，左右逢源人羨慕；屬龍王者氣度宏，指點江山意從容；屬蛇心細愛思索，深謀遠慮智慧多；屬馬矯健又奮發，人生飛黃必騰達；屬羊溫順又善良，寓意吉祥暖洋洋；屬猴愛把機靈抖，萬千主意在心頭；屬雞心胸有天地，刻苦自律養生息；屬狗忠信有勇謀，行運興旺福報厚；屬豬寬厚又知足，笑口常開真幸福。

由此可見，從古至今人們對十二生肖喜愛有加，不僅賦予它們重要而美好的意義，還以豐富的文學藝術形式不斷為其添磚加瓦。歷代文人墨客留下了無數有關生肖的詩詞佳作，千古民間傳說中也記載了不少有關生肖的生動感人的寓言故事。除此之外，生肖屬相的文化特性與古代占卜術相結合，還衍生出許多有趣的傳統風俗，引領或制約着當時人們的生活方式和習慣。通過十二生肖，我們傳承中華文化傳統的精華，汲取歷史留傳下來的民間智慧。相信讀者朋友們一定會被書中妙趣橫生的故事深深吸引，為博大精深的中華文化所深深折服。

生肖紀年法

過年時，廟會上熱熱鬧鬧，到處擺着各種年貨，有春聯、窗花、門神等，還有各種好吃的。其中每年都會有一種小動物大受歡迎，貼畫、擺件、布偶都是它。在街上遇到親朋好友，人們都還會互道一句"雞年大吉""狗年吉祥"這樣的祝福語。

那麼，這些小動物代表的是甚麼呢？"雞年""狗年"又是指甚麼呢？其實呀，這就是**生肖紀年法**。

一開始，古人用的是天干地支紀年法。天干有 10 個，地支有 12 個。將天干和地支對應，兩個一組，循環往復，得到 60 種組合，第一個組合是"甲子"，所以人們說"六十年一甲子"。

比如：1984 年是甲子年，下一個甲子年就是 2044 年。

《三字經》中說："馬牛羊，雞犬豕。此六畜，人所飼。"牛、馬、羊、雞、狗、豬是古人最為重視的六畜。中國是農業大國，百姓最希望五穀豐登、六畜興旺，這意味着生活富足。無論是耕地、看家，還是作為交通工具或食物，人們的生活可都離不開牠們。因此，六畜都在十二生肖之列。

再說鼠、虎、兔、蛇、猴這五種野生動物。虎、蛇是自然界中常見的兇猛危險的動物，古人去野外活動最怕牠們；兔子和猴子十分可愛，有時也被古人視為吉祥之物；老鼠不用說啦，與人類關係密切，有糧食的地方一定有牠們的身影。

最後一個是十二生肖裏唯一虛構的動物——龍。龍是上古時期圖騰崇拜的產物。傳說伏羲從各部落的圖騰上各取一部分，組成了龍圖騰，從此龍成為華夏族的圖騰、中華民族的象徵。因此牠佔據十二生肖中的一個位置是毋庸置疑的。

生肖說

為甚麼十二生肖裏沒有貓？

中國馴養貓的時間較晚。漢代以前，野貓的數量很少，還多活動於野外，與人類的關係並不親密。先秦史籍《逸周書》記載了一次周武王打獵的結果："武王狩，禽虎二十有二，貓二，麋五千二百三十五……"，證明了這一點。等到古人開始蓄養馴化貓來捕鼠的時候，十二生肖已經確定了。

他們都不帶我玩兒！

豬、羊、雞都有，這家人很富啊！

汪嗚～

生肖的十二把交椅

凌晨至正午
（丑時到午時）
丑寅卯辰巳午

下午至夜半
（未時到子時）
未申酉戌亥子

十二生肖的順序是如何排列的？老鼠是怎麼坐上頭把交椅的？這個問題不僅困惑着我們，還吸引着古人的好奇心，為此誕生了許多傳說故事、雜談筆記。在眾多解釋中，有一個頗有道理，被許多人接受，那就是根據動物每天的活動時間來確定十二生肖的順序。

子時（23:00~1:00）

安靜而又黑漆漆的深夜是老鼠最活躍的時候。

丑時（1:00~3:00）

此時是牛開始反芻的時間，等到了早晨，農戶再給牠們餵食，以便白天好好幹活。

中國至少從漢代開始，便根據太陽升起和落下的時間，將一晝夜分為十二個時辰，並用十二地支計時法來記錄這十二時辰。每個時辰相當於現在的兩個小時，這樣一晝夜便是我們今天的二十四小時。

寅時（3:00~5:00）

古人認為老虎往往會在晝夜交替之時活動，而且經常在此時聽到虎嘯聲，於是把寅時與老虎聯繫起來。

卯時（5:00~7:00）

天亮之際，兔子出窩，牠們喜歡吃帶有晨露的青草。

辰時 (7:00~9:00)

此時一般容易起霧，而傳說龍能騰雲駕霧。還有種說法是雲霧繚繞的場面會讓人聯想到龍翔九天的情景。

巳時 (9:00~11:00)

大霧散去，豔陽高照，需要曬太陽升體溫的蛇正出洞覓食。

午時 (11:00~13:00)

烈日當空，只有強健的馬可以飛奔。

未時 (13:00~15:00)

草上的露珠蒸發乾淨，正是放羊出來，讓牠們飽餐一頓的好時候。

申時 (15:00~17:00)

太陽偏西，溫度適宜，猴子愛出來活動，啼叫個不停。

酉時 (17:00~19:00)

太陽落山，雞該回窩了。天黑之後，危機四伏，不回窩的雞就找不到了。

戌時 (19:00~21:00)

忙碌一天的人們準備休息，午睡起來的狗開始值班，臥到門前守護。

亥時 (21:00~23:00)

夜深人靜，只能聽見豬打鼾的聲音。

Mouse

鼠年舉例：
1996 年、2008 年、2020 年

屬鼠的名人：
魏徵、杜甫、李清照、朱棣

字體演變

甲骨文	小篆	隸書

"小老鼠，上燈台，偷油吃，下不來。喵喵喵，貓來了，嘰哩咕嚕滾下來"，聽過這首兒歌的你一定想到了那個窸窸窣窣的身影。鼠是囓齒動物，品行不端，從古到今最拿手的便是打洞和偷吃糧食。先秦《詩經》有云："碩鼠碩鼠，無食我黍"，說的是"大老鼠呀大老鼠，不許吃我的黃米"。

在長期與老鼠鬥爭的過程中，古人想出了一個"以火救火"的方法，把老鼠奉為"倉神"，也叫"大耗星君"。定農曆正月二十五為填倉節，農戶、米販填滿穀倉，祭祀倉神，祈求倉神關照。

國風・魏風・碩鼠

碩鼠碩鼠，無食我黍。
三歲貫女，莫我肯顧。
逝將去女，適彼樂土。
樂土樂土，爰得我所。

倉神口下留情，保佑我們年年五穀豐登，糧米滿倉。

臭小子，居然偷吃倉神的供品！

甚麼倉神，就是老鼠。

正月二十五填倉節

祭倉神咯！

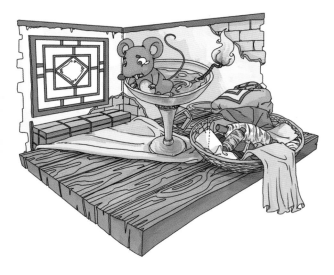

鼠排在十二生肖的首位，除了因為它在夜間活動之外，還與它開天闢地的英雄形象有關。開天闢地的不是盤古嗎？這正是有趣的地方呢，原來民間還流傳着"鼠咬天開"的神話傳說。傳說在很久以前，天地之初，混沌未開，世界一片漆黑。老鼠勇敢地把天咬開一個洞，太陽的光芒出現，天地分開，萬物生長，老鼠由此成為開天闢地的英雄、生育萬物的子神。

"鼠咬天開"剪紙

每到逢年過節之時，人們用剪紙剪出老鼠咬破合碗或頂開合碗的圖案，以合碗象徵天地。

我沒偷那麼多！

 對聯

鼠鬚麟角力掃千軍
春雨曉風花開五色

趣味小知識：

為甚麼人們又把老鼠稱作"耗子"？

五代時，苛捐雜稅頗多，各種附加稅之外還有"雀鼠耗"。比如，繳納一石（十斗）糧食，還要再加二斗。這二斗就是強迫百姓補交倉庫中雀鼠損耗（被麻雀、老鼠偷吃掉的糧食）的虧空。就連絲、綢、棉、麻等老鼠不吃的東西，都要加"雀鼠耗"。百姓苦不堪言，只能怨老鼠是"耗子"。

Cattle

勤耕不輟

牛年舉例：
1997 年、2009 年、2021 年

屬牛的名人：
柳宗元、范仲淹、秦觀、梁思成

牛是人類最早馴養的動物之一，中國馴養牛的歷史距今 5000 多年。在古人的生活中，處處可見牛的身影，比如吃肉、祭祀、騎乘和耕地等。先說吃肉，還記得庖丁解牛的寓言故事嗎？

字體演變

甲骨文	金 文	小 篆

在我眼中沒有牛，有的只是結構和筋骨！

庖丁

廚師丁為梁惠王解剖全牛，技藝精湛，令人驚歎。"庖丁解牛"比喻經過反覆實踐，掌握了事物的客觀規律，做事得心應手，運用自如。

歇後語

對牛彈琴——白費勁

泥牛入海——有去無回

對聯

數聲牧笛傳新曲

四野耕犁試早春

少牢

太牢

除了吃肉，牛也被用作祭祀的犧牲。周代祭祀時，牛、羊、豬三牲俱全，稱"太牢"；如缺少牛牲，則稱"少牢"。太牢與少牢有甚麼區別嗎？《禮記・王制》稱："天子社

丁督護歌

［唐］李白

雲陽上征去，兩岸饒商賈。

吳牛喘月時，拖船一何苦。

水濁不可飲，壺漿半成土。

一唱都護歌，心摧淚如雨。

萬人鑿盤石，無由達江滸。

君看石芒碭，掩淚悲千古。

牛車

稷皆太牢，諸侯社稷皆少牢。"天子祭祀才用牛，看來自古以牛牲為上品。

不僅如此，牛與人類的關係最為密切，是人類得力的助手呢！在馬車普及前，缺馬的地區或無需急行的驛運，人們都坐牛車或者騎牛代步，牛車可是很古老的交通工具。

古時候，人們賴以生存的是土地，農業離不開耕地，一開始是人拉犁，殷商時有了牛輓犁，不僅耕地面積擴大了，還非常省力。

牛不僅是農民的好幫手，有時還能成為戰士的好幫手呢！戰國時期，齊國田單的火牛陣不就大敗燕軍嗎？此外，為了管理國家所有的牛在祭祀、軍事等方面的使用，周代還設有"牛人"一職。所以，牛自古以來都在人們生活中佔據重要的位置，作為十二生肖之一不足為奇。

牛輓犁

火牛陣：據記載是戰國時期齊國大將田單發明的戰術，上千頭牛披上紅綠被子，牛角綁上尖刀，牛尾繫上浸透了油的葦束，再用火點燃，讓牛衝入敵軍。

Tiger

威嚴驍勇

虎年舉例：
1998 年、2010 年、2022 年

屬虎的名人：
趙孟頫、唐寅、李時珍

字體演變

甲骨文	金文	小篆

在中國漫長的歷史歲月中，虎一直被視為百獸之王、叢林之主。它兇狠危險，卻也威嚴勇猛，是正義的象徵。

正因如此，古時的軍隊處處可以看到虎的標誌和符號。據史書記載，周武王有戎車三百輛，虎賁三百人。"賁"同"奔"，"虎賁"的意思是形容軍隊作戰像老虎奔入羊群一般，所向披靡。虎賁軍可謂周王最英勇的軍隊，此後各朝各代，凡軍中驍勇者，都冠以"虎賁"二字。

猛虎行

漢樂府

飢不從猛虎食，
暮不從野雀棲。
野雀安無巢，
遊子為誰驕？

對聯

牛耕綠野　春天春起色
虎嘯青山　虎歲虎生威

虎帳

　　而且，那時將軍的營帳稱為"虎帳"，英勇善戰的將士叫"虎將"。戰士出兵作戰時的刀劍、盾牌和戰車上，無不刻虎、畫虎。

　　調兵遣將的信物也叫"虎符"。古人用青銅或黃金雕刻成虎的形狀，左符由將領持有，右符由大王或皇帝持有，兩符合在一起才能調動軍隊。

虎符

白虎

玄武

歇後語

老虎下山
——來勢兇猛

老虎嘴裏拔牙
——凶多吉少

朱雀

青龍

　　其實，老虎在軍隊中隨處可見也源於遠古的星宿崇拜。在中國古代神話中，白虎、朱雀、玄武、青龍為四方之神靈，稱為"四象"。而古人認為白虎是一種主兵家之事的祥瑞。

　　所以，現在民間仍有畫虎闢邪的習俗，無論是門扇上的老虎，還是虎頭帽、虎頭鞋，都飽含着人們消災闢邪、求取平安健康的願望。

老虎闢邪年畫

虎頭帽

虎頭鞋

Rabbit

可愛萌軟

"小白兔白又白，兩隻耳朵竪起來，愛吃蘿蔔愛吃菜，蹦蹦跳跳真可愛"，這首兒歌讓我們記住了兔子乖巧可愛的外形和機靈敏捷的性格。但為甚麼牠能躋身十二生肖之列呢？這源於古人對牠的認識和賦予牠的文化意義。

中國養兔的歷史可以追溯到 3000 多年前，甲骨文描畫的正是兔子長耳短尾、前足短後足長的形象。

兔子憑藉大耳朵捕捉輕微的動靜，判別危險。但古人不知道，兔子的眼睛長在頭的兩側，視野雖然開闊，但兩眼間距太大，往往要靠左右轉動頭部才能看清物體。萬一奔跑時來不及轉頭，可能會撞到

字體演變

甲骨文	小篆	隸書

宮詞（節選）

[唐] 王建

新秋白兔大於拳，
紅耳霜毛趁草眠。
天子不教人射殺，
玉鞭遮到馬蹄前。

守株待兔

這些都是我的地盤！

障礙物呢，所以才有戰國時期的宋國農民守株待兔的故事吧。

但是，古人知道兔子的憂患意識很強，通常會為自己準備好多個藏身洞穴。"狡兔三窟"說的就是兔子未雨綢繆，藏身的計劃周密。"兔子不吃窩邊草"說的也是兔子的藏身能力，把身旁的草吃了，還怎麼掩護自己呢？

這麼機敏可愛的兔子給人們留下了深刻印象，因而民間也把它們稱作"瑞兔""喜兔"。神話傳說裏，在寂靜清冷的廣寒宮陪伴嫦娥的便是一隻兔子。後來北京民間把在月宮搗藥的玉兔形象進行再創作，做成手工藝品，就是"兔兒爺"。從古到今，精雕細刻的玉兔、剪紙、布偶、泥塑等手工藝品層出不窮，可見人們對兔子的喜愛，怎麼能不把牠排入十二生肖之列呢？

坐象兔兒爺

坐虎兔兒爺

麒麟兔兒爺

坐葫蘆兔兒爺

月宮搗藥玉兔

兔子布偶玩具

對聯

明月探春引兔來

東風放虎歸山去

兔子為甚麼是三瓣嘴？

生肖說

兔子上嘴脣分開，是為了增強靈活性，便於把地上的草摟進嘴裏。兔子有發達的門牙，卻不能啃住地上的草，而分開的上脣可以把草夾住，再往門牙下送。因此兔子吃草時，我們可以看到它們的上脣習慣性地動起來。

Loong

龍

鱗蟲之長

龍年舉例：
2000 年、2012 年、2024 年

屬龍的名人：
朱元璋、紀曉嵐、霍元甲

龍是十二生肖中唯一一個現實中不存在的動物，正因如此，更可見龍對中華民族的意義之重大。上古神話中，伏羲創造出龍圖騰，開啟中華文明，由此我們成為"龍的傳人"。由其他動物特徵組合而成的龍的形象是一種合作團結的象徵，是中華民族精神的一個源頭。

字體演變

甲骨文	小篆	隸書
禿	龍	龍

謎語

有爪潛水底，無翅能騰雲。
古今是偶像，從未見真身。
（打一動物）
（謎底在本頁，快來找一找吧！）

求龍神降雨！！

文明進一步發展，農耕時期，龍圖騰變為龍神，與麟、鳳、龜一起被奉為"四靈"。龍為"鱗蟲之長，能幽能明，能細能巨，能短能長。春分而登天，秋分而潛淵。"百姓向龍神求雨，以便春耕播種；求龍神震懾百蟲，以防農作物被害蟲侵害。民間的"二月二，龍抬頭"由此而來。

秦漢以後，龍又成為帝王的化身。皇帝被稱作是"真龍天子"，住龍庭，睡龍牀，坐龍椅，穿龍袍。這樣，龍的地位更為顯赫了。滄海桑田，世事變遷，多少民族與文明消亡了，但龍與中華民族精神依然存在。

今天，我們依然會在元宵節或其他喜慶節日舞龍，祈求平安與豐收；端午節賽龍舟，祭祀龍神，紀念屈原。隨着華人遍佈世界各地，中國的龍文化也隨之流傳到海外，為豐富人類文明做出貢獻。

舞龍

對聯

破壁神龍舞
迎春紫燕飛

春江花月夜（節選）

［唐］張若虛

鴻雁長飛光不度，
魚龍潛躍水成文。
昨夜閒潭夢落花，
可憐春半不還家。

謎底：龍

Snake

靈活善變

蛇年舉例：
2001年、2013年、2025年

屬蛇的名人：
祖沖之、尉遲恭、陸游

大約3億年前，爬行動物在地球上出現。之後爬行動物的隊伍不斷壯大，種類增多。據推測，約1億年前，蛇已經出現。可以說，遠古人類與各種動物作鬥爭的時候，蛇是其中的一個重要對手。《韓非子·五蠹》裏這樣說："上古之世，人民少而禽獸眾，人民不勝禽獸蟲蛇。"可見蛇給古人造成了極大困擾。

字體演變

甲骨文	金 文	小 篆

守歲（節選）

[宋]蘇軾

欲知垂盡歲，
有似赴壑蛇。
修鱗半已沒，
去意誰能遮。
況欲繫其尾，
雖勤知奈何。
兒童強不睡，
相守夜歡嘩。

夸父

伏羲

女媧

趣味小知識

白素貞
小青
許仙

《白蛇傳》

《白蛇傳》與《梁山伯與祝英台》《孟姜女》《牛郎織女》並稱為"中國四大民間愛情傳說"。《白蛇傳》的故事源於南宋或更早的時期，成型於明代馮夢龍的《白娘子永鎮雷峯塔》，清中後期才有了"白蛇傳"這一故事名。重情重義的白素貞和小青深深地印刻在人們心中，可以說是最美的蛇的形象了。

再翻開《山海經》可以發現，裏面經常提到蛇，有黑蛇、青蛇、白蛇、赤蛇、黃蛇、育蛇等許多種類，還有與蛇為伴、持蛇、御蛇的神人。我們熟知的夸父，在書中的形象其實是"珥兩黃蛇，把兩黃蛇"，更別說像伏羲、女媧一樣人面蛇身的創世神了。

看來長期與蛇接觸的過程，使古人對蛇產生了畏懼和崇敬的心理，於是，他們把蛇當作圖騰，希望得到蛇的護佑。有這樣一種說法，傳說中的龍就是神化了的蛇，所以在有些地方，生肖中的蛇被稱為"小龍"，生肖中的龍被稱為"大龍"。

對聯

雛燕啣春歸故梓
小龍送寶賀祥年

有蛇啊！

Horse

矯健溫順

馬年舉例：
2002年、2014年、2026年

屬馬的名人：
宋慈、范成大、葉聖陶

字體演變

甲骨文	金文	小篆

馬是六畜之首，與牛一樣身兼多職，耕田、拉車、征戰，無一不能。後來因為輕便的步伐、疾馳的速度，逐步替代了牛作為交通工具的作用。如今路上奔馳的是車輛，古時飛奔的卻是駿馬，否則哪來的"馬路""車水馬龍"呢？

不僅如此，馬還是財富、實力、地位的象徵。秦漢以前，戰車是軍隊主要作戰裝備，馬拉戰車的數量成為衡量一國實力的標準，如果說

可憐白髮生！

贏得生前身後名。

了卻君王天下事，

弓如霹靂弦驚。

馬作的盧飛快，

[宋] 辛棄疾
賦壯詞以寄之（節選）
破陣子・為陳同甫

對聯

霜蹄千里駿
風翮九霄鵬

一乘：古代一輛四匹馬拉的兵車

天子可以用 6 匹馬的車

諸侯的車用 4 匹馬

卿大夫的車用 3 匹馬

士的車用 2 匹馬

平民的車只能用 1 匹馬

萬乘之國是一等軍事強國，千乘之國便是二等軍事強國。

人乘坐的馬車也能顯示地位。周朝根據馬匹的數量，給馬車制定不同的級別。不同身份的人，乘坐相應的馬車，不能越級。

駿馬驍勇矯健的身姿與忠誠溫順的性格深深吸引着古人。據史料記載，中國古代帝王幾乎都愛駿馬。秦始皇有"追風""白兔"等七匹戰馬；唐太宗將愛馬刻在陵墓的石碑上，希望死後相伴，就是"昭陵六駿"；還有項羽的"烏騅"、劉備的"的盧"、關羽的"赤兔"，都是不同凡響的名駒。

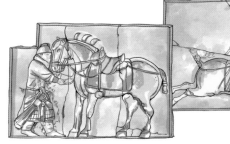

昭陵六駿

趣味小知識

馬為甚麼要站着睡覺？

畜養的馬繼承了野馬的習性。在危機四伏的動物世界，野馬躲避危險的主要方式是奔跑，所以牠要隨時保持警覺，一旦出現危險信號，能隨時撒腿就跑。但這不是說馬只會站着睡覺，牠睡覺的方式非常自由，可以選擇站着、躺着、臥着，這取決於周邊環境與生理狀態。

這裏危機四伏啊！

這裏很安全，可以安心睡！

Sheep

溫和善良

羊年舉例：
2003年、2015年、2027年

屬羊的名人：
歐陽修、年羹堯、曹雪芹

說起羊，大家會想到甚麼呢？羊是人類親密的朋友，能提供乳、肉、皮、毛。而且早在幾千年前，羊就已被馴化，為上古先民做着貢獻。

就說美味吧。羊在古代與美味息息相關。"美"這個字上面是個羊，下面是個大，《說文解字》裏面說，美就是美味的意思，羊在六畜中主要用作膳食。再來看"鮮"字，左邊一條魚，右邊一隻羊，新鮮才美味呀。

字體演變

甲骨文	金文	小篆

對聯

五羊結彩迎新紀
六畜興旺報好年

敕勒歌
北朝民歌

敕勒川，陰山下。
天似穹廬，籠蓋四野。
天蒼蒼，野茫茫。
風吹草低見牛羊。

羊有角卻不好鬥，非常溫和善良。

『美』的字體演變

甲骨文	金文	小篆

不僅是美味，羊在人們心中也是"真善美"的代名詞。它因為合群、善良、有義、知禮等品格被古人稱為"德畜"。

而且，羊還是"祥瑞"的象徵。古代"羊"通"祥"，"祥"有時寫作"吉羊"，表示吉祥之意。所以，古人在門上掛羊頭，交往中送羊，以羊作聘禮，就是取吉祥的好意頭。具備那麼多美好意義的羊，可是十二生肖中的獨一份。

歇後語

狼群裏跑出羊來
——不可能

羊羔吃奶
——雙膝跪地

羊是群居動物，易相處。

擠羊奶

穿羊皮

烤羊肉

羊羔跪乳，出自《增廣賢文》，意思是小羊跪着吃奶，表達知恩圖報、孝敬長輩的美好品格。

初次見面，小小心意，不成敬意。

Monkey

活潑機靈

猴年舉例：
2004 年、2016 年、2028 年

屬猴的名人：
武則天、辛棄疾、文天祥

說起猴子，我們先想到的一定是齊天大聖孫悟空。勇敢直率、伸張正義的性格與精神使他成為許多人兒時的偶像、心目中的英雄。但人們起初是怎麼看待猴子的呢？

猴是靈長類哺乳動物，與人類"沾親帶故"，而且聰明機靈、活潑好動。先秦時，已經有人馴養猴子。古人養猴一來當作寵物，二來訓練其表演雜耍，更重要的原因是用來避馬瘟。古時的馬廄裏總要拴上隻猴子，據說是因為猴子對馬的疾病非常敏感，容易發現馬的疾病，養猴子能預防馬得瘟疫。《西遊記》中"弼馬溫"的官位就是來源於這裏。

字體演變

甲骨文	金文	小篆

詠猿

[唐] 周樸

生在巫山更向西，
不知何事到巴溪。
中宵為憶秋雲伴，
遙隔朱門向月啼。

我又看不出馬生病，怎麼讓我做弼馬溫！

馬一生病我就知道！

而在源遠流長的中華文化中，猴可是吉祥動物，經常在繪畫、剪紙、雕刻等藝術作品中表達吉祥如意、富貴長壽等寓意。比如，猴子騎在馬背上，取"馬上封侯"之意；大猴背小猴，取"輩輩封侯"之意；猴子抱桃，取"健康長壽"的好意頭。

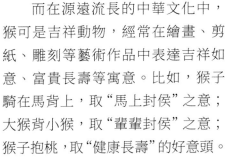

馬上封侯

猴子抱桃

輩輩封侯

橡樹果實，早上給仨，晚上給四個，怎麼樣？

那早上四個，晚上三個。

這也太好騙了吧！

不行，太少了！

好！

"朝三暮四"說的居然是猴子？
猴子聰明伶俐，但作為動物談不上智慧，有時還會犯傻，比如"猴子撈月""朝三暮四"。朝三暮四的本義是實質不變，用改頭換面的方法使人上當。這一典故來自《莊子》，說的是宋國有個養獼猴的人，了解獼猴的習性。有一天家裏存糧不夠了，他要限制獼猴的食物，又怕獼猴生氣，於是想了個主意。

對聯

勤羊辭舊千家同喜
頑猴鬧春萬戶皆福

Chicken

愛崗敬業

雞年舉例：
2005 年、2017 年、2029 年

屬雞的名人：
唐玄宗、王安石、黃庭堅

雞是十二生肖中唯一的禽類，可見是非常特殊的。中國神話傳說中，有一個地位僅次於龍的神獸——鳳凰，便被認為是取材於雞的形象。上古先民選取孔雀、雉雞等禽類的某些特徵創造出鳳凰圖騰，希望保佑部落吉祥太平。由此可以看出，雞很早便進入人們的視野。

古代原雞經過人工馴養進化為家雞。東周時，中國出現了最早的養雞場"雞坡"。漢代的劉向在《列

字體演變

甲骨文	小篆	隸書
羴	鷄	雞

題金雞報曉圖（其二）

［明］唐寅

頭上紅冠不用裁，
滿身雪白走將來。
平生不敢輕言語，
一叫千門萬戶開。

對聯

山高半片月

春曉一聲雞

祝雞翁養雞圖

雞被列入十二生肖的原因之一是古人認為雞有五德：

首戴冠——文德

足搏距——武德

雞眼後有個突出如腳趾的地方，
搏鬥的過程中可以重傷敵方。

敵在前敢鬥——勇德

古人早就發現雄雞好鬥，春秋
戰國時鬥雞娛樂已風靡盛行。

見食相告——仁德

雞啄食，還咯咯叫其他雞來一起吃。

守夜不失時——信德

雄雞每天按時報曉，守夜有時。

雞鳴狗盜

聞雞起舞

仙傳》裏專門寫了一個"養雞專業
戶"——祝雞翁。他養雞百年，有上
千隻雞，還個個有名。

　　古代沒有鐘錶，古人早晨靠雞
鳴報曉，因此雞還有"知時畜""司
晨"等別稱。戰國時孟嘗君被秦王扣
留，後來依靠門客學雞啼叫，讓守
城門的人以為天亮，提前開門，由
此順利逃出函谷關。

　　東晉祖逖一聽到雞鳴就起牀舞
劍，立志報效祖國，這叫"聞雞起
舞"，後來比喻有志報國的人即時
奮起。

Dog

忠誠勇敢

狗年舉例：
2006 年、2018 年、2030 年

屬狗的名人：
李淵、玄奘、朱熹、徐霞客

狗是人類忠實的朋友、熟悉的夥伴，在城市中、鄉村裏，隨處可見牠們的身影。牠們與古人的關係也如今天一般嗎？是的，別無二致。

其實，最早被人類馴養的動物是狗。早在一萬多年前，狗就已被人類馴養。因為牠們有靈敏的聽覺和嗅覺，人們用牠們來幫助狩獵。

「犬」字演變

甲骨文	金 文	小 篆

犬

[宋] 梅堯臣

常隨輕騎獵，不獨朱門守。
鷹前任指蹤，雪下還狂走。
人思上蔡遲，書寄華亭後。
莫將呼作龍，梁肉才經口。

謎底：獄

謎語

狗咬狗

（打一字）

（謎底在本頁，
快來找一找吧！）

對聯

三多竹葉雄雞畫

五福梅花義犬描

之後，狗有了放牧、看家護院、祭祀等多種作用，古人也採取各種措施來安置和管理有重大作用的犬類。周代有"犬人"一職，專門負責挑選合適的狗以供祭祀；漢代設"狗監"，就是掌管皇帝獵犬的官員；唐代有"狗坊"，是專為皇帝飼養獵犬的官署。

生肖說

犬有濕草之恩：狗對主人忠心耿耿，能理解人的感情，這是狗與其他動物的最大不同，也是最令人動容的地方。晉人干寶在《搜神記》中寫過一則故事，三國時期吳國人李信純有一條叫"黑龍"的狗，通人性。一天，李信純在外喝醉，睡倒在回家路上的草地裏。恰在這時，一群獵人放火圍獵，大火就快燒到李信純身邊。黑龍拉不動李信純，便跳到附近的水溝裏把全身弄濕，然後用身上的水將李信純身邊的草打濕，往返多次，救了李信純。這就是"犬有濕草之恩"的典故。

Pig

憨厚豁達

豬年舉例：
2007 年、2019 年、2031 年

屬豬的名人：
趙匡胤、鄭和、包拯、劉墉

豬在古代有許多表達方式，"豚"是小豬，"豝"是母豬，"豭"是公豬。而"豕"，指的是長嘴、大肚皮、大耳朵的豬，凡是帶"豕"的字，大多與豬有關。

「豕」字演變

甲骨文	金文	小篆

歇後語

豬鼻子裏插蔥
——裝象

豬八戒吃人參果
——全不知滋味

豬八戒

對聯

亥時看入戶
豬歲喜盈門

豝

34

木蘭詩（節選）

［南北朝］佚名

爺娘聞女來，

出郭相扶將；

阿姊聞妹來，

當戶理紅妝；

小弟聞姊來，

磨刀霍霍向豬羊。

在古人的心目中，豬是憨厚笨拙、飯量巨大的形象。這不由得讓我們想起《西遊記》中的豬八戒，肥頭大耳，肚大如鼓，可以說是家喻戶曉的豬形象了。

然而，我們不知道的是，經科學家的測試，豬非常聰明，在某些方面超過狗，甚至媲美黑猩猩。而且，某些專家認為，豬愛乾淨的程度超過了貓和狗。大家經常看到豬一身污泥，是因為它們沒有汗腺散熱，為了保持涼爽，只能經常在泥裏打滾。

謎語

天蓬元帥誤投胎。

（打一動物）
（謎底在本頁，快來找一找吧！）

豚

再看"家"這個字，上面是"宀"，表示與室家有關，下面是"豕"，即豬。古代生產力低下，人們在屋子下面養豬，久而久之，房子裏有豬成了家的標誌。豬是人們肉食的主要來源之一，在古時常用於祭祀，後來也成了家中富有的象徵。

豭

我也愛乾淨呀，可沒有汗腺又有甚麼辦法呢。

謎底：豬

古人怎麼記錄時間？

鐘表

日曆

台曆

今天我們用台曆、日曆、鐘錶和手機等記錄時間，那古人呢？他們自然有一套辦法。

從干支紀年法可以推斷出，古人很早就已經使用曆法。天干、地支不僅可以紀年，也能紀月、紀日，可以說是我們最早的"日曆"。據說，考古學家曾從甲骨文中發現一頁甲骨曆。之後，直到1100多年前的唐朝，真正的日曆才算盛行。

古代的計時單位

[時辰]

古代一天分為十二個時辰，用地支來表示，一個時辰相當於今天的兩個小時。比如，午時指的是現在的中午十一點到十三點兩個小時。

[刻]

古人將一天均分為 100 刻，每刻約等於現在的 15 分鐘。"百刻制"也是中國古代使用的一種計時制。

[更]

古人把一夜分為五個時辰，也就是"戌時""亥時""子時""丑時""寅時"，一個時辰稱為一更，一夜即"五更"。

六個時辰過去了，地還沒有鋤完，得抓緊！

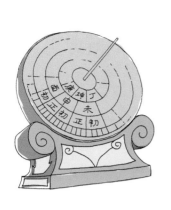

［點］

古人又將每更分為五點，每點約等於現在的 24 分鐘。

古代的計時工具

日晷

利用日影來判斷時間的儀器，與圭表統稱為"太陽鐘"。日晷上有刻痕，按照晷針影子的變化來計時，所以陰天無法使用哦！

古今計時稱呼對照表

	古時稱呼		現代時間
黃昏	一更	一鼓	19:00—21:00
人定	二更	二鼓	21:00—23:00
夜半	三更	三鼓	23:00—01:00
雞鳴	四更	四鼓	01:00—03:00
日出	五更	五鼓	03:00—05:00

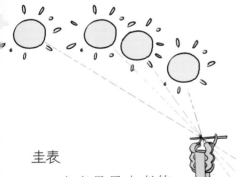

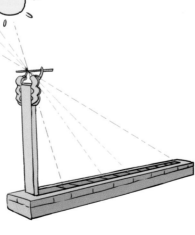

圭表

圭表是最古老的計時儀器，用太陽投影的長短變化，來測定節氣。

漏刻

通過漏壺中水流動的時間來計時，原理很像沙漏。

十二生肖的傳說故事

傳說，倉頡造字之後，黃帝讓負責天文地理的巫官制定了干支紀年法。但干支紀年法太複雜了，百姓們記不住，紛紛建議黃帝用十二種動物紀年。於是，黃帝讓倉頡做這件事。

牛知道自己腿腳慢，便在大年三十晚上提前動身。結果牛第一個到達，接着是虎，後面依次是兔、龍、蛇、馬、羊、猴、雞、狗、豬。老鼠雖然來晚了，但躥到牛背上，佔據了首位。

各位，正月初一清早到宮殿門口集合，誰來得早就選誰做一年的代表動物，只選前十二名。

這之前還有個小插曲。最初貓和老鼠是好朋友,大年三十,貓拜托老鼠第二天叫醒自己,結果老鼠獨自悄悄地走了,害貓失去了機會,於是兩隻動物結下仇怨,貓見老鼠就咬。

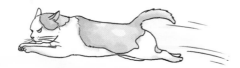

還有一個更戲劇化的結局。原本,貓是第十二位。老鼠見入選無望,便溜進黃帝的倉庫,咬了倉庫中蚩尤送來的大紅蠟燭。侍衛點蠟燭的時候發現裏面有炸藥,老鼠無意中救了黃帝一命。黃帝念老鼠有功,把牠選入十二生肖,並排在第一位,其餘動物依次後移,貓便被淘汰了。

外國人也有生肖嗎？

十二生肖既是我們中國人的一種標記符號，又是一種紀年方法，可謂意義重大。許多人認為生肖是中國獨有的。其實不是這樣的，其他許多國家都有生肖哦。

世界上各個國家的生肖

生肖並不是中國獨有的，最早起源於何時何地已不可考，據說可以追溯到 5500 年前的蘇美爾時期。與古中國並稱"四大文明古國"的古巴比倫、古埃及和古印度都有自己的生肖。

哈哈，我屬蟋蟀！

古巴比倫人

哎，我怎麼能屬驢呢！

古埃及人

金翅鳥飛得高，是我的屬相！

古印度人

古巴比倫：貓、犬、蛇、蟋蟀、驢、獅、羊、牛、鷹隼、猴、鱷魚、紅鶴
古埃及：牡牛、山羊、猴子、驢、蟹、蛇、犬、貓、鱷、紅鶴、獅子、鷹
古印度：鼠、牛、獅、兔、龍、蛇、馬、羊、猴、金翅鳥、狗、豬

經對比可以發現，古印度的十二生肖與中國的最為相似，順序一樣，只是用獅子替換了虎，金翅鳥替換了雞。根據印度神話《阿婆縛紗》記載，十二生肖原是十二位神的坐騎。

哈哈！在越南終於有我的一席之地啦！

而今天，亞洲的日本、韓國、泰國、柬埔寨、緬甸、越南，美洲的墨西哥都有生肖文化。由於受中國文化的影響，日本、韓國的生肖與中國基本一樣。有意思的是，越南有與中國幾乎一致的十二生肖，有十二種動物，與十二地支相對應，不過越南生肖沒有"兔"但有"貓"。

與中國生肖差別較大的國家是緬甸。緬甸的屬相有 8 個，而且緬甸人按出生日是星期幾來決定自己的屬相。星期一屬老虎，星期二屬獅子，星期三上半天屬雙牙象，下半天屬無牙象，星期四屬老鼠，星期五屬天竺鼠，星期六屬龍，星期日出生的人屬妙翅鳥。

星期三上半天：雙牙象

星期一：老虎　　　　星期二：獅子　　　　　　　　　　星期三下半天：無牙象

星期四：老鼠　　　　星期五：天竺鼠　　　　　　　　　　星期日：妙翅鳥

星期六：龍

歐洲的十二星座

歐洲雖然沒有類似中國的十二生肖，卻有十二星座，用它們來代表出生在該時間段內的人的天賦與性格。

12.22-1.19　　　1.20-2.18

摩羯座　　　　　水瓶座

2.19-3.20

5.21-6.21

雙魚座　　白羊座　　金牛座　　雙子座　　巨蟹座

3.21-4.19

8.23-9.22

6.22-7.22

7.23-8.22

9.23-10.23

11.23-12.21

獅子座　　處女座　　天秤座　　天蠍座　　射手座

8.23-9.22

10.24-11.22

與十二生肖有關的成語

屬相	簡筆畫	成語
鼠		鼠目寸光、首鼠兩端、抱頭鼠竄、投鼠忌器、獐頭鼠目、賊眉鼠眼、梧鼠技窮
牛		牛刀小試、對牛彈琴、汗牛充棟、九牛一毛、目無全牛、老牛舐犢、牛郎織女、初生牛犢不怕虎
虎		狼吞虎嚥、虎視眈眈、虎落平川、為虎作倀、如虎添翼、調虎離山、虎口拔牙、臥虎藏龍、畫虎類狗
兔		守株待兔、狡兔三窟、兔死狐悲、兔死狗烹、兔起鶻落、龜毛兔角、獅子搏兔、兔絲燕麥、烏飛兔走
龍		虎略龍韜、龍盤虎踞、龍飛鳳舞、龍馬精神、葉公好龍、望子成龍、畫龍點睛、群龍無首、龍鳳呈祥
蛇		畫蛇添足、打草驚蛇、杯弓蛇影、蛇蠍心腸、虎頭蛇尾、養虺成蛇、春蚓秋蛇、筆走龍蛇
馬		汗馬功勞、老馬識途、老驥伏櫪、走馬觀花、馬不停蹄、人仰馬翻、車水馬龍、駟馬難追、萬馬齊喑、犬馬之勞、秣馬厲兵、白駒過隙、金戈鐵馬、鞍前馬後、指鹿為馬、馬到成功、馬首是瞻、馬失前蹄
羊		亡羊補牢、順手牽羊、羊落虎口、羊腸小道、歧路亡羊、羚羊掛角、羊質虎皮
猴		猴年馬月、沐猴而冠、尖嘴猴腮、殺雞儆猴
雞		殺雞取卵、雞飛狗跳、雞飛蛋打、雞犬不寧、雞犬升天、雞毛蒜皮、雞鳴狗盜、呆若木雞、手無縛雞之力、鶴立雞群、聞雞起舞、牝雞司晨
狗		狗急跳牆、狗尾續貂、狗仗人勢、白衣蒼狗、狼心狗肺、蠅營狗苟
豬		狼奔豕突、封豕長蛇